BEI GRIN MACHT SICH IHR WISSEN BEZAHLT

- Wir veröffentlichen Ihre Hausarbeit, Bachelor- und Masterarbeit

- Ihr eigenes eBook und Buch - weltweit in allen wichtigen Shops

- Verdienen Sie an jedem Verkauf

Jetzt bei www.GRIN.com hochladen und kostenlos publizieren

Bibliografische Information der Deutschen Nationalbibliothek:

Die Deutsche Bibliothek verzeichnet diese Publikation in der Deutschen National-
bibliografie; detaillierte bibliografische Daten sind im Internet über http://dnb.d-
nb.de/ abrufbar.

Impressum:

Copyright © 2016 GRIN Verlag, Open Publishing GmbH
Druck und Bindung: Books on Demand GmbH, Norderstedt Germany
ISBN: 9783668370920

Dieses Buch bei GRIN:

http://www.grin.com/de/e-book/349991/anwendungsmoeglichkeiten-des-compu-
terspiels-europa-universalis-iv-im

Steve Uttenweiler

Anwendungsmöglichkeiten des Computerspiels "Europa Universalis IV" im Geschichtsunterricht

GRIN Verlag

GRIN - Your knowledge has value

Der GRIN Verlag publiziert seit 1998 wissenschaftliche Arbeiten von Studenten, Hochschullehrern und anderen Akademikern als eBook und gedrucktes Buch. Die Verlagswebsite www.grin.com ist die ideale Plattform zur Veröffentlichung von Hausarbeiten, Abschlussarbeiten, wissenschaftlichen Aufsätzen, Dissertationen und Fachbüchern.

Besuchen Sie uns im Internet:

http://www.grin.com/

http://www.facebook.com/grincom

http://www.twitter.com/grin_com

Hausarbeit im Seminar "Konstruktionen und Rekonstruktionen der Frühen Neuzeit in Videospielen" als Prüfungsleistung für das Modul "Geschichte Europas im Zeitalter des Absolutismus und der Aufklärung"

Thema:

Anwendungsmöglichkeiten des Computerspiels *Europa Universalis IV* im Geschichtsunterricht

Universität Leipzig

Fakultät für Geschichte, Kunst und Orientwissenschaften

Historisches Seminar

Lehrstuhl für Geschichte der Frühen Neuzeit

Steve Uttenweiler

1

Inhaltsverzeichnis

1 Einleitung

Computerspiele haben sich in den letzten Jahrzehnten von einem Nischenprodukt zu einer ernstzunehmenden Kunstform und einem gesellschaftlichen, sowie kommerziellen Phänomen entwickelt. Vor allem bei Jugendlichen sind Computerspiele[1] ein sehr beliebter Zeitvertreib. Im Jahr 2010 spielten noch 35% der Jugendlichen mehrmals in der Woche Computerspiele, bei 46% stellte das "Zocken" sogar die wichtigste Freizeitbeschäftigung dar.[2] Mittlerweile ist jedoch von weitaus größeren Zahlen auszugehen, da durch das Aufleben der "Let's Play-Kultur" auf YouTube und den rasanten Aufstieg von Multiplayer-Spielen wie *League Of Legends* und ganz besonders *Minecraft* sehr viele Jugendliche an das Medium Computerspiel herangeführt wurden.[3] Man kann also durchaus davon sprechen, dass Computerspiele einen der wichtigsten Bestandteile der "Alltagskultur der Schülerinnen und Schüler"[4] darstellen. Insbesondere Spiele mit historischen Inhalten[5] zählen zu den kommerziell erfolgreichsten Titeln und dementsprechend viele Schüler[6] spielen solche Titel.[7] Historische Computerspiele scheinen eine "geradezu magische Anziehungskraft"[8] zu besitzen und regen die Vorstellungsbildung und eine intensive Auseinandersetzung mit Geschichte an. Diese sogenannten "Edutainment"-Spiele, also solche, die Unterhaltungs- und Bildungselemente kombinieren[9], bieten zahlreiche Möglichkeiten, Jugendliche mit historischen Inhalten in Berührung zu bringen und besitzen von daher ein gewaltiges Potenzial für den Einsatz im Geschichtsunterricht. Der Einsatz von historischen Computerspielen stellt nicht nur einen Lebensweltbezug für die Schüler dar[10], sondern kann auch auf verschiedene Arten und Weisen zur Förderung von Kompetenzen und Vermittlung von Inhalten dienen. Der Geschichtsunterricht hat in den letzten Jahrzehnten einen Wechsel vom "Lernfach" zum

---

1 Im weiteren Verlauf dieser Arbeit wird der Begriff "Computerspiele" als Sammelbegriff für digitale Spiele auf allen Plattformen benutzt, schließt also PC-, sowie Konsolen- und Handy-Spiele mit ein.
2 vgl. Medienpädagogischer Forschungsverbund Südwest (Hrsg.): JIM 2010 – Jugend, Information, (Multi)Media. Basisstudie zum Medienumgang 12- bis 19-Jähriger in Deutschland, Stuttgart 2010, S.36
3 vgl. Köhler, Stefan: Minecraft - Extreme Verkaufszahlen: Wird täglich 53.000 Mal gekauft, veröffentlicht am 02.06.2016, online verfügbar unter
http://www.gamestar.de/spiele/minecraft/news/minecraft,46603,3273464.html (letzter Zugriff 27.09.2016)
4 Wöttge, Marco: Der Einsatz von Computerspielen im Geschichtsunterricht am Beispiel von "Caesar III". In: Geschichte in Wissenschaft und Unterricht, 62, 2011, Heft 7/8, S. 469
5 Im weiteren Verlauf der Arbeit werden sämtliche Computerspiele mit historischen Inhalten als "historische Computerspiele" zusammengefasst.
6 Der Begriff "Schüler" umfasst innerhalb dieser Arbeit sowohl weibliche als auch männliche Lernende.
7 vgl. Wöttge 2011, S. 469
8 Völkel, Bärbel: Handlungsorientierung im Geschichtsunterricht, 3. Aufl., Schwalbach/Ts., 2012
9 vgl. Brown, Harry John: Videogames and education, Armonk/London, 2008, S. 117
10 vgl. Schulze, Thomas: Historische Computerspiele im Geschichtsunterricht. Ein Beitrag zur Kompetenzentwicklung?, Berlin/Norderstedt, 2011, S. 6

"Denkfach" vollzogen und Lernende sollen nicht bloß Fakten pauken, sondern Zusammenhänge zwischen verschiedenen Faktoren historischer Ereignisse erkennen und nachvollziehen. Die Beschäftigung mit Computerspielen hilft, "Netzwerke" von miteinander verflochtenen Ereignissen zu verstehen.[11] Während sich die Fachliteratur bereits intensiv mit den Möglichkeiten von historischen Computerspielen im Allgemeinen beschäftigt hat (dazu mehr im folgenden Kapitel), möchte ich mich in dieser Arbeit insbesondere auf das Spiel *Europa Universalis IV*[12] (kurz: "*EU4*") konzentrieren. Dieses ist bekannt für seine Komplexität und dem daraus resultierenden Umfang von möglichen historischen Darstellungen und rekonstruierten Geschehnissen. In *Europa Universalis IV* können historische Ereignisse an vielen verschiedenen Orten und Zeitpunkten in Form eines Strategiespiels nachgespielt bzw. durch abweichende Entscheidungen in alternative Verläufe gelenkt werden. Ich habe mich für dieses Spiel entschieden, da es nicht nur zu meinen persönlichen Favoriten gehört, sondern auch mehr Möglichkeiten bietet als andere historischen Strategiespiele. Dennoch wurde es bislang von der Forschung erheblich weniger beachtet als kommerziell erfolgreichere Spiele wie die *Civilization*-Reihe[13] oder die *Age Of Empires*-Spiele. Nähere Informationen zu dem Spiel und seiner Bedeutung als „historische Simulation" folgen in Kapitel 3 dieser Arbeit. Anschließend wird versucht, aufzuzeigen, welche Kompetenzen durch den Einsatz von *Europa Universalis IV* im Geschichtsunterricht gefördert werden können und in welcher Form der Einsatz dieses Spiel konkret im Rahmen des Schulunterrichts umgesetzt werden kann, um diese Kompetenzen gezielt anzusprechen. Leider lässt es der Rahmen einer Hausarbeit nicht zu, ausgiebig die Mechaniken des Spiels zu analysieren oder die historischen Inhalte hinsichtlich ihrer Korrektheit genauer zu überprüfen. Zu diesem Zweck möchte ich auf die Masterarbeit von Hannes Dölle hinweisen, die sich gezielt mit *Europa Universalis IV* auseinandersetzt und dem Inhalt des Spiels ein umfassendes Kapitel widmet.[14] Eine weitere gute Informationsquelle zu dem Inhalt und Verlauf des Spiels ist "Legendarymarvins Strategiekanal" auf YouTube, auf dem sich zahlreiche Video-Projekte zu *EU4* und anderen Strategiespielen finden lassen.[15] Als Quelle für die Betrachtung des

---

11 vgl. Squire, Kurt: Video Games in Education. In: International Journal of Intelligent Simulations and Gaming (2), 2003, online verfügbar unter http://citeseerx.ist.psu.edu/viewdoc/download?doi=10.1.1.479.6903&rep=rep1&type=pdf (letzter Zugriff 27.09.2016), S. 3
12 Paradox Development Studio/Paradox Interactive: Europa Universalis IV [PC], 2013
13 Als Beispiel hierfür: McCall, Jeremiah: Navigating the Problem Space. The Medium of Simulation Games in the Teaching of Hisotry. In: The History Teacher, Vol. 46, No. 1, 2012, online unter: http://www.jstor.org/stable/43264070 (letzter Zugriff 27.09.16)
14 vgl. Dölle, Hannes: Zum Einfluss von historischen Computerspielen auf das Geschichtsbild – eine empirische Untersuchung zur Rezeptionswirkung von Europa Universalis IV [Masterarbeit], Leipzig 2015, S. 39 f.
15 https://www.youtube.com/user/LegendaryMarvin/playlists (letzter Zugriff 27.09.16)

Spiels dient meine eigene Spielerfahrung, welche, zusammen mit dem Vorgänger *Europa Universalis III*, zwischen 500 und 600 Spielstunden beträgt. Um Elemente des Spiels besser zu veranschaulichen, finden sich im Anhang von mir erstellte Screenshots des Spiels. Da ich mich noch inmitten meines Lehramts-Studiums befinde, sind die hier vorgeschlagenen Anwendungsmöglichkeiten lediglich theoretische Überlegungen, die es noch im Rahmen einer praktischen Durchführung zu untersuchen gilt.

2 Computerspiele im Geschichtsunterricht

Der Einsatz von historischen Computerspielen im Geschichtsunterricht ist bereits seit einigen Jahren immer wieder ein diskutiertes Thema in der Geschichtsdidaktik. Ähnlich wie bei Filmen, Romanen oder anderen populären Medien wird vor allem die Darstellung von historischen Inhalten hinsichtlich ihrer Korrektheit kritisch betrachtet. Oftmals wird die historische Genauigkeit zugunsten der Narrative geopfert und vermeintlich "historische" Inhalte anachronistisch oder kontrafaktisch dargestellt. Geschichte im Computerspiel ist ein stark vereinfachtes Konstrukt komplexerer Zusammenhänge und erzählt oft eine "Geschichte des Sieges der Stärkeren".[16] Historische Computerspiele vermitteln also stets ein vom Entwickler angestrebtes Geschichtsbild, das eine vereinfachte und abstrahierte Version der tatsächlichen Ereignisse darstellt, soweit sie für die Narrative dienlich sind.[17] Solche medienvermittelten Geschichtsbilder prägen oftmals das Geschichtsbewusstsein nachhaltiger, als der Geschichtsunterricht dies vermag.[18] Die "Annahme und Ablehnung und damit die letztendliche Wirkung der Geschichtsbilder"[19] ist hierbei bei jedem Schüler unterschiedlich. Sauer warnt davor, dass Computerspiele aus diesem Grund einen geringen "Gewinn an historischer Kenntnis" bieten und "zu historischer Desorientierung beitragen" können.[20] Allerdings können gerade diese kontrafaktischen Darstellungen dazu dienen, historische Inhalte zu vermitteln. Geschichte ist die Summe von vorausgegangenen Entscheidungen und Ereignissen und diese Darstellungen bieten die Möglichkeit, durch alternative Szenarien die Tragweite bestimmter Entscheidungen nachzuvollziehen.[21] Es gilt also, Narrative und historische Fakten nicht nur auseinander zu halten, sondern ihr Verhältnis zueinander als Ansatzstelle für historisches Lernen zu nutzen (wie dies umgesetzt werden soll wird weiter unten thematisiert). Zudem haben Computerspiele die einzigartige Fähigkeit, durch Rollenübernahme einen Perspektivwechsel zu ermöglichen und somit eine individuelle emotionale Bindung des Spielers an die Geschichte aufzubauen.[22] Durch die Interaktionen der

---

16 Schulze 2011, S. 13
17 ebenda, S. 18
18 vgl. Zwölfer, Norbert: Filmische Quellen und Darstellungen. In: Günther-Arndt, Hilke (Hrsg.): Geschichts-Didaktik, Praxishandbuch für die Sekundarstufe I und II, Berlin 2003, S. 225
19 Schulze 2011, S. 18
20 vgl. Sauer, Michael: Geschichte unterrichten. Eine Einführung in die Didaktik und Methodik, 12. Aufl., Seelze 2015, S. 280
21 vgl. Brown 2008, S. 118
22 ebenda, S. 119

Schüler mit Personen oder Objekten in der Welt des Spiels erkennen sie die Konsequenzen ihres Handelns und können reflektieren, worin die Ursachen ihres Handelns liegen.[23]

Ein Aspekt, den Kritiker von Computerspielen oftmals übersehen, ist die soziale Komponente bei der Auseinandersetzung mit Computerspielen.[24] Kinder sitzen nicht bloß allein vor ihrem Gerät und isolieren sich von der Außenwelt, sondern tauschen sich z.B. mit Freunden über die Spiele aus. Sie stellen Szenen aus Spielen nach, diskutieren in Online-Foren, treffen sich zum gemeinsamen Spielen oder schauen „Let's Play"-Videos auf YouTube, bei denen die „Let's Player" das Geschehen auf ihren Bildschirmen aufzeichnen und parallel kommentieren.[25] Manche sind Teil von verschiedenen „Fan-Communities" ihrer liebsten Spiele oder Video-Ersteller, wenn sie nicht sogar selbst Videos produzieren. Durch diese Orientierung an der Lebenswelt der Schüler sind historische Computerspiele auch stark motivationsfördernd, können aber durch Überforderung, Misserfolge oder Unfairness für Frustration bei den Lernenden sorgen.[26] Die Rolle der Lehrkraft ist beim Umgang mit Computerspielen also besonders wichtig. Sie muss als Moderator nicht nur didaktisch durchdachte Aufgabenstellungen bieten, sondern auch Diskussionen mit den Schülern und somit eine Reflexion der Inhalte des Spiels anregen.[27] Historische Computerspiele tragen ein großes Potenzial für historisches Lernen in sich, doch der angemessene didaktische Umgang mit ihnen ist essentiell, damit bei allem Spaß auch Wissenszuwachs und Kompetenzsteigerungen zu verzeichnen sind.

3 Europa Universalis IV als "historische Simulation"

Europa Universalis IV[28] *(kurz: EU4)* ist ein Strategiespiel vom Entwicklerstudio Paradox Interactive und ist Teil der sogenannten "Grand Strategy"-Reihe des Entwicklers, die aus verschiedenen Titeln besteht, die sich in den Spielmechaniken stark ähneln, aber jeweils unterschiedliche historische Epochen abdecken.[29] Seit der Erscheinung des Spiels sind

---

23 vgl. McCall 2012, S. 13
24 vgl. Squire 2003, S. 10
25 Als Beispiel für ein solches "Let's Play": tom.io: "Let's Play: Port Royale 3 - #H1.01 - Händler Kampagne" [YouTube-Video], veröffentlicht am 01.05.12, online verfügbar unter https://www.youtube.com/watch?v=1HziNoef4vY (letzter Zugriff 26.09.16)
26 vgl. Schulze 2011, S. 9
27 vgl. McCall 2012, S. 23
28 Paradox Development Studio/Paradox Interactive: Europa Universalis IV, 2013, Versionsnummer 1.17.1.0. (vom 09.06.16). Aus Gründen der Übersichtlichkeit wird auf weitere Erwähnungen desselben Titels in den Fußnoten bis auf weiteres verzichtet, wenn Inhalte des Spiels erwähnt werden.
29 Aktuelle Einträge der Reihe sind für das Mittelalter Crusader Kings II, 2012; für die frühe Neuzeit Europa Universalis IV, 2013; für die Moderne Victoria II, 2010; für den Zweiten Weltkrieg Hearts Of Iron IV, 2016

zahlreiche kostenpflichtig herunterladbare Erweiterungen erschienen, die den Umfang des Spiels nochmal vergrößern.[30] In EU4 übernimmt der Spieler die Rolle einer sogenannten "Nation" und leitet deren Geschicke durch den Zeitraum von 1444 bis 1820, wobei das Startdatum frei wählbar ist. Der Begriff der Nation ist hier zusammenfassend für alle spielbaren Parteien zugunsten der Vereinheitlichung gewählt, ungeachtet des erst weit nach 1444 aufkommenden Nationsbegriffes.[31] Eine solche "Nation" kann z.b. ein europäisches Königreich, ein japanisches Shogunat oder ein nordamerikanischer Indianer-Stamm sein. Denn anders, als der Titel vermuten lässt, spielt sich die Handlung des Spiels nicht nur in Europa, sondern auf der ganzen Welt als "Spielbrett" ab.[32] Der Spieler muss sich um verschiedene Aspekte seiner Herrschaft kümmern: Produktion in den Provinzen des Reiches, Handel, Diplomatie mit anderen Nationen, Erschließung der Neuen Welt, Religion, Forschung und natürlich Kriegsführung. Die Geschichte im Spiel wird vor allem durch sogenannte "Events" erzählt. Diese Events tauchen entweder zufällig oder wenn bestimmte Bedingungen erfüllt sind im Spielverlauf auf und haben direkte Auswirkungen auf das Spiel. Ähnliches gibt es auch bei Spielen der *Total War*-Reihe, wie z.b. *Medieval II*[33], allerdings nicht so stark ausgeprägt wie bei *EU4*.[34] Die Effekte auf das Spiel werden oftmals mit tatsächlichen historischen Ereignissen oder Situationen erklärt. Es gibt sowohl allgemeine Events (z.b. der Ausbruch einer Epidemie oder Rebellenaufstände), als auch solche, die spezifisch für eine bestimmte Region sind.[35] So kann z.b. Österreich vom Event des Prager Fenstersturzes getroffen werden, wenn es ebenfalls über Böhmen herrscht[36] oder die Osmanen Handelsverträge mit Venedig und Genua abschließen, sobald sie Konstantinopel eingenommen haben.[37] Auch wenn das Spiel sich stark darum bemüht, möglichst nah an der tatsächlichen Geschichte zu sein, gibt es einige Aspekte, die sich entweder nicht angemessen im Rahmen eines „zahlenlastigen" Strategiespiels darstellen lassen oder zugunsten des Gameplays bewusst umdesignt wurden.[38] Ebenso gibt es Spielelemente, die bewusst dazu dienen, den Verlauf der Geschichte in einem realistischen Rahmen zu halten. So sind z.B.

---

und Stellaris, 2016 mit einem Science Fiction-Setting 200 Jahre in der Zukunft (alle Paradox Development Studio/Paradox Interactive)
30 http://www.eu4wiki.com/Downloadable_content (letzter Zugriff 27.09.16)
31 vgl. Dölle 2015, S. 40
32 siehe Abbildung 1
33 Creative Assembly/Sega: Medieval II: Total War [PC], 2006
34 vgl. Brown 2008, S. 130
35 Eine vollständige Übersicht über alle Events gibt es unter http://www.eu4wiki.com/List_of_event_lists (letzter Zugriff 27.09.16)
36 http://www.eu4wiki.com/Austrian_events#The_Defenestration_of_Prague (letzter Zugriff 27.09.16)
37 http://www.eu4wiki.com/Ottoman_events#The_Economic_Reforms_of_Mehmed_II (letzter Zugriff 27.09.16)
38 vgl. McCall 2012, S. 16

Nationen wie Frankreich oder Spanien mit sogenannten "Lucky Nations"-Boni versehen, die das Spiel für diese Nationen leichter macht[39] und Nationen in Afrika oder dem indigenen Amerika in ihrer technologischen Entwicklung stark gebremst, um die Kolonisierung Amerikas durch die europäischen Mächte beizubehalten.

Prinzipiell gibt das Spiel kein festes Ziel vor. Der Spieler wird nach der Auswahl der Nation und des Startzeitpunkts ohne weitere Einleitungen oder Narrationen in das Spiel geschickt und kann dann vollkommen frei entscheiden, in welcher Richtung er seine Nation steuert. Es gibt lediglich eine Auswahl von "Missionen", die dem Spieler kleine Boni verschaffen, wenn er sie erfüllt, deren Bearbeitung jedoch optional ist. Der Spieler schlüpft also nicht in die Rolle eines Akteurs, der in einer Narrative festgebunden ist, sondern betrachtet das (pseudo-)historische Geschehen aus Sicht des "gottähnlichen Alleinherrschers".[40] Dadurch hat er eine weniger starke emotionale Bindung zum Geschehen, dafür aber einen besseren Einblick in die vielseitigen Faktoren, die den Verlauf der gespielten Geschichte bestimmen.[41] Die Freiheit des Spielers (und der Computergegner) hat zur Folge, dass das Spiel nicht der tatsächlichen Geschichte folgt, sondern bei jedem Durchlauf eine andere, kontrafaktische "Alternativgeschichte" konstruiert. Insofern lassen sich nur wenige direkte historische Fakten über das Spiel vermitteln. Es dient eher als "historische Simulation", die möglichst viele Faktoren historischen Geschehens berücksichtigt. Der Spieler kann diese Faktoren durch sein Handeln bewusst manipulieren und die daraus resultierenden Konsequenzen beobachten und reflektieren. Dadurch lassen sich komplexe Systeme und Zusammenhänge besser nachvollziehen.[42] Simulationsspiele wie *EU4* spielen sich in sogenannten "problem spaces"[43] ab und bieten dem Spieler verschiedene Herausforderungen innerhalb des dargestellten Rahmens. Indem sich die Spieler in diesen "problem spaces" zurecht finden, verstehen sie, wie das abgebildete System (in diesem Fall die politische Welt der frühen Neuzeit) funktioniert. Dennoch ist es essentiell, dass die Lehrkraft immer auf die gröbsten anachronistischen oder kontrafaktischen Objekte hinweist, um zu verhindern, dass die fiktiven Inhalte als tatsächliche Fakten gelernt werden. Besonders Aspekte wie der "Over-Access to Power and Information"[44] des Spielers müssen berücksichtigt werden – ein Herrscher der damaligen Zeit hatte nie alle Provinzen gleichzeitig im Blick mit sämtlichen Faktoren, die ihre Entwicklung beeinflussen und konnte nicht in der gleichen Sekunde erfahren, was

---

39 http://www.eu4wiki.com/Luck#Historically_lucky_nations (letzter Zugriff 27.09.16)
40 Schulze 2011, S. 12
41 vgl. Brown 2008, S. 127
42 vgl. McCall 2012, S. 10
43 ebenda, S. 11
44 ebenda, S. 16

anderswo in seinem Reich vor sich ging. Das Spiel dient also eher dazu, historische Prozesse zu erfassen und die Bedingungen für historische Entwicklungen zu erkennen. Es fördert somit das "Entwickeln eines Verständnisses für zeittypische Bedingungen und für Veränderungsprozesse auf der Grundlage historischen Wissens"[45], wie es im sächsischen Lehrplan als ein übergeordnetes Ziel des Geschichtsunterrichts formuliert ist.

Um *EU4* hat sich zudem eine große "Modding-Community" aus Menschen gebildet, die in ihrer Freizeit die Inhalte des Spiels bearbeiten oder erweitern (sogenannte "Modifikationen", kurz: Mods). Eine der umfangreichsten Mods ist die "Extended Timeline Mod", die den vom Spiel abgedeckten Zeitraum auf die Spanne vom Jahr 2 n. Chr. bis in die heutige Zeit hinein erweitert und versucht, die Mechaniken des Spiels auf die anderen Epochen zu übertragen.[46] Dadurch kann das Spiel auch jenseits des ursprünglichen Zeitraums als Medium genutzt werden.

4 Möglichkeiten der Kompetenzentwicklung

In der modernen Geschichtsdidaktik steht vor allem die Entwicklung von Kompetenzen im Mittelpunkt. Es wurden verschiedene Kompetenzmodelle entwickelt, die versuchen, diese Kompetenzen zu definieren und aufzuzeigen, in welcher Form sich diese fördern lassen.[47] Nach Schulze dienen Computerspiele dazu, kognitive Leistungen und Kompetenzentwicklung zu fördern, denn sie "konfrontieren Spielerinnen und Spieler mit einer nahezu endlosen Aufgabenkette, fordern die ständige Aufmerksamkeit [der Spielenden] und geben ihnen durch spielinterne Verläufe direktes Feedback zu ihren vorherigen Entscheidungen".[48] Am naheliegendsten ist die Entwicklung der Medienkompetenz. Diese "Schlüsselkompetenz" heutiger Lernenden[49] lässt sich insbesondere im Geschichtsunterricht durch den ständigen Umgang mit Quellen oder Darstellungen fördern. Die Beschäftigung mit *Europa Universalis IV* und insbesondere die kritische Betrachtung der dargestellten Inhalte dienen der "Förderung

---

45 Sächsisches Staatsministerium für Kultus und Sport (Hrsg.): Lehrplan für Geschichte an Gymnasien in Sachsen, Dresden/Radebeul 2004/2007/2009/2011, S. 3

46 https://forum.paradoxplaza.com/forum/index.php?threads/mod-extended-timeline.740866/ (letzter Zugriff 27.09.16)

47 Pandel, Hans-Jürgen: Geschichtsdidaktik. Eine Theorie für die Praxis, Schwalbach/Ts. 2013, S. 211 f.

48 Schulze 2011, S. 8

49 Six, Ulrike/Gimmler, Roland: Die Förderung von Medienkompetenz im Kindergarten. Eine empirische Studie zu Bedingungen und Handlungsformen der Medienerziehung, Düsseldorf 2007, S. 18

einer kritischen Medienkompetenz"[50], also die "fachgerechte Benutzung zeitgenössischer Medien [und] deren kritische Deutung und Bewertung"[51]. Auch die kritische Betrachtung der Rolle von Geschichte als Teil der Geschichtskultur unserer Gesellschaft kann durch den Umgang mit einem Simulationsspiel wie *EU4* angeregt werden.[52] Andere Möglichkeiten zur Kompetenzförderung ist der Vergleich des Computerspiels mit anderen Medien zum Aufbau einer Deutungskompetenz – gibt es Gemeinsamkeiten in der Darstellungsweise bestimmter Themen oder bestimmte Überschneidungen in den zugrunde liegenden Geschichtsbildern?[53] Zudem lassen sich auf Grundlage der Spielinhalte Werturteile bilden, in denen jeder Schüler seine individuelle Sicht auf einen bestimmten Sachverhalt ausformuliert und vertritt.[54] Dies kann beispielsweise eine Positionierung zur Darstellung der afrikanischen Stämme bzw. dem großen Unterschied zwischen europäischen, "westlichen" Nationen und solchen indigenen Ursprungs sein oder Faktoren, die eine autokratische Regierungsform für den Spieler attraktiver machen als eine demokratische. Damit wird neben der Medienkompetenz zusätzlich die Urteilskompetenz gefördert.[55] Da der Einsatz von Computerspielen wie *EU4* eine Methode des Geschichtsunterrichts darstellt, dient das "Erlernen und Anwenden [der] Interpretations- und Arbeitsschritte"[56] bei der Betrachtung des Spiels obendrein dem Aufbau von Methodenkenntnissen und greift auf bereits bestehende zurück. So lässt sich die Ausbreitung des Protestantismus in der Welt des Spiels nur kritisch betrachten, wenn die Schüler bereits wissen, wie sie Informationen dazu aus Fachliteratur entnehmen können oder die geographische Entwicklung des Heiligen Römischen Reiches nur nachvollziehen, wenn bereits zuvor mit tatsächlichen Karten des Reiches gearbeitet wurde. Aufgrund seines Umfangs bietet *Europa Universalis IV* also zahlreiche Möglichkeiten, Kompetenzen der Schüler anzusprechen und weiterzuentwickeln. Im folgenden Kapitel sollen konkrete Möglichkeiten aufgezeigt werden, dieses Spiel im Geschichtsunterricht zu implementieren.

---

50 Schulze 2011, S. 20
51 ebenda, S. 28
52 vgl. McMichael, Andrew: PC Games and the Teaching of History. In: The History Teacher, Vol. 40, No. 2, 2007, S. 203-218 (hier S. 204)
53 Schulze 2011, S. 24
54 vgl. Pandel 2013, S. 218
55 vgl. Gautschi, Peter: Guter Geschichtsunterricht. Grundlagen, Erkenntnisse, Hinweise, 2. Aufl., Schwalbach/Ts. 2011, S. 51
56 vgl. Schulze 2011, S. 24

5 Anwendungsmöglichkeiten im Geschichtsunterricht

5.1 Medium zur Verbesserung der "Kartenkompetenz"

Die Benutzeroberfläche von *Europa Universalis IV* ist im Grunde genommen nur eine Weltkarte, auf der sich das Geschehen abspielt.[57] Diese Karte dient zudem dazu, dem Spieler eine Übersicht über verschiedene Bereiche seiner Herrschaft bzw. des Weltgeschehens zu liefern, indem man verschiedene "Kartenmodi" einstellt. Neben einer Terrain-Karte und einer politischen Karte lassen sich so viele verschiedene Aspekte des Spiels auf einer speziellen Karte anzeigen.[58] So zeigt beispielsweise die Handelskarte an, welche Güter über welchen Handelsweg in welches Handelszentrum gelangen oder die Diplomatie-Karte, mit welchen Nationen die ausgewählte Nation eine diplomatische Beziehung (Bündnis, Staatsehe, Krieg, etc.) besitzt. Diese verschiedenen Karten können auch als Medium im Geschichtsunterricht eingesetzt werden. Die Kartenarbeit ist für den Geschichtsunterricht essentiell, um Fakten und Zusammenhänge lokal verorten zu können und "Vorstellungen von den 'Schauplätzen' historischer Ereignisse und Prozesse"[59] zu entwickeln. Kenntnisse aus vielen verschiedenen Bereichen lassen sich in Karten darstellen und so in einen räumlichen Kontext einbinden (z.B. Territorialverhältnisse, Ressourcen, Religionsausbreitungen, etc.). Jedoch zeigt eine Untersuchung von Sauer[60], dass erst in höheren Klassenstufen ein sicherer Umgang mit Kartenmaterial zu verzeichnen ist und alles in allem starke Schwankungen in der "Kartenkompetenz" herrschen.[61] Sauer vermutet, dass dies daran liegt, dass Karten selten gezielt als historisches Arbeitsmittel genutzt werden, sondern lediglich, um genannte Dinge zu verorten.

So können die Kartenmodi von *Europa Universalis IV* im Unterricht in Form einer Projektion oder eines Ausdrucks genutzt werden, um historische Sachverhalte aus einer grenzübergreifenden Perspektive heraus darzustellen, anstatt sich darauf zu verlassen,

---

57 siehe Abbildung 2
58 Eine Übersicht über alle Kartenmodi findet sich unter http://www.eu4wiki.com/Map#Map_Modes (letzter Zugriff 27.09.16)
59 Sauer, Micheal: Zur "Kartenkompetenz" von Schülern. Ergebnisse einer empirischen Untersuchung. In: Geschichte in Wissenschaft und Unterricht, 61, Heft 4, 2010, S. 234
60 Eine Untersuchung von 900 Schülern von sechs Gymnasien aus dem Raum Göttingen mit einem standardisierten Fragebogen aus 23 Items. Mit diesem wurde der Einsatz von Karten, die Einstellungen der Lernenden dazu und die "Kartenkompetenz" (Kenntnis von Begriffen und Elementen von Karten, sowie die Fähigkeit, Aufgaben mithilfe von Karten zu lösen) überprüft. Vgl. hierzu Sauer: Zur "Kartenkompetenz" von Schülern 2010, S. 235 f.
61 ebenda, S. 242 f.

historische oder von Historikern erstellte Karten zum Wunschthema zu finden. Anwendungsbereiche gibt es dafür sehr viele. So lässt sich z.b. über eine Religionskarte die konfessionelle Spaltung Europas zu Beginn des Dreißigjährigen Krieges darstellen[62], sowie mit der Diplomatiekarte die Beziehungen Preußens während des Siebenjährigen Krieges[63] oder die Ausdehnung der Habsburger-Herrschaft zu Zeiten Karls V. in der Dynastienkarte[64]. Durch das Voranschreiten auf dem Zeitstrahl innerhalb des gleichen Kartenmodus können zudem Entwicklungen deutlich gemacht werden.[65] Natürlich muss man hier auch berücksichtigen, dass die Karten kleine historische Fehler haben könnten. Auch wenn die Entwickler sich stets darum bemühen, die historischen Startpositionen des Spiels möglichst korrekt zu halten, sollte die Lehrkraft vorher überprüfen, ob der betrachtete Aspekt auf der gewählten Karte zumindest weitestgehend korrekt dargestellt wird.

5.2 Problemorientierung

Die Darstellungen in *EU4* lassen sich jedoch nicht nur als visuelles Medium nutzen, sondern können auch als Impuls oder Ansatzstelle für problemorientiertes Lernen dienen. Diese Form historischen Lernens wendet sich vom Lernen bloßer Fakten ab und untersucht stattdessen Ursachen für historische Sachverhalte.[66] Dazu dienen sogenannte "Problemziele"[67], also Fragen nach Faktoren und Bedingungen für das betrachtete historische Phänomen. Solche Phänomene lassen sich in *Europa Universalis IV* ausgiebig betrachten, da man hier Zugang zu vielen Informationen über die zu untersuchenden Bedingungen verfügt. Am Anfang einer solchen Untersuchung kann die einfache Frage "Wie kam es dazu?" stehen, die als Einleitung für eine weitere Untersuchung, z.B. über das Studium von Primär- und Sekundärquellen, dient. Eine andere Möglichkeit stellt das kritische Überprüfen von Darstellungen im Spiel dar. Die Schüler können erarbeiten, wie ein betrachtetes Thema in *EU4* dargestellt wird und dann über die Arbeit mit Quellen herausfinden, wie es aus heutiger Sicht "wirklich" gewesen ist.[68] Zudem bieten die kontrafaktischen Darstellungen, die aus dem Spielverlauf heraus gehen, eine Grundlage für Diskussionen im Klassenraum: Wie kam es zu dem abweichenden Verlauf

---

62 siehe Abbildung 3
63 siehe Abbildung 4
64 siehe Abbildung 5
65 Ein Beispiel hierfür zur Geschichte des Osmanischen Reiches: Legendarymarvins Strategiekanal: Geschichte des Osmanischen Reiches mit Extended Timeline I (Vorgeschichte bis 1480) [YouTube-Video], veröffentlicht am 18.09.15, online abrufbar unter https://www.youtube.com/watch?v=ars7b82H75k (letzter Zugriff 27.09.16)
66 vgl. Pandel 2013, S. 340
67 ebenda
68 vgl. Wottge 2011, S. 477

und welche Faktoren hätten beachtet werden müssen, um einen historisch "korrekteren" Lauf der Dinge zu haben? Hierbei werden Kompetenzen der Schüler wie z.b. die Methoden- und Deutungskompetenz gefördert[69] und das Vorwissen mit einbezogen. Dies können einfache Veränderungen in den Allianz-Strukturen zum Dreißigjährigen Krieg sein oder vermeintlich banale, aber folgenreiche Abweichungen wie die Entdeckung und Erschließung Amerikas über Nordamerika anstelle der Karibischen Inseln. Anderweitig lässt sich das Spiel selbst als Quelle im Sinne einer kritischen Medienbetrachtung problemorientiert thematisieren. Durch den Vergleich der Darstellungen in *EU4* mit denen in anderen Computerspielen, Filmen oder Sachliteratur lässt sich die Medienkompetenz der Schüler im Rahmen einer Unterrichtseinheit zu modernen Geschichtsbildern fördern.[70]

5.3 Projektarbeit

In den vorherigen Unterkapiteln ging es primär darum, dass die Lehrkraft das Spiel in den Unterricht als darstellendes Medium nutzt, statt dass die Schüler es tatsächlich spielen. Das Problem bei *EU4* ist die Komplexität. Es erfordert einigen Aufwand, sich in das Spiel und seine Mechaniken hineinzufinden und es kann in seinem Umfang Jugendliche schnell überfordern oder frustrieren. Um den Schülern trotzdem das Spielen zu ermöglichen, bietet sich die Durchführung eines Projektes über mehrere Tage an. So kann am Anfang des Projekts die Zeit genutzt werden, um den Schülern eine Einführung in das Spiel zu geben und Stück für Stück die wichtigsten Elemente gemeinsam durchzugehen. Anschließend werden die folgenden Tage genutzt, um die Schüler in Gruppen mit dem Spiel arbeiten zu lassen. Ein solches Projekt orientiert sich am Prinzip der Handlungsorientierung. Handlungsorientierung ist ein Unterrichtskonzept mit hoher Schüleraktivität und einer praktischen Tätigkeit, an deren Ende i.d.R. ein präsentierbares Produkt steht – also "Lernen mit Kopf, Herz und Hand".[71] Dadurch wird nicht nur die Motivation gefördert, sondern auch der Erfolg und die Nachhaltigkeit des historischen Lernens durch eine "Sinnbildung über Zeiterfahrung".[72] Im Rahmen dieses Projekts können die Schüler sich dann in Gruppen gemeinsam mit dem Spiel beschäftigen. Dazu sollen sie eine Nation und einen Startzeitpunkt ihrer Wahl für die Dauer des Projekts spielen und ihren Spielverlauf dokumentieren. Dabei sollen sie sich selbst ein Ziel setzen und festhalten, auf welchen Wegen sie dieses zu erreichen versuchen, welche Entscheidungen sie treffen, welche diplomatischen oder militärischen Maßnahmen sie

---

69 vgl. Schulze 2011, S. 24
70 Schulze 2011, S. 30
71 Völkel 2012, S. 14
72 Völkel 2012, S. 6

ergreifen, welchen Fokus ihre Innenpolitik haben soll, etc. So können die Schüler unmittelbar beobachten, welche Auswirkungen ihre Entscheidungen haben und wie diese den Verlauf der Geschichte beeinflussen (siehe Kapitel 3). Wichtig ist hierbei jedoch, dass man die technischen Kompetenzen der Schüler nicht überschätzen sollte, wenn man sie selbst Hand an das Spiel legen lässt.[73] Am Ende der Projektarbeit sollen die Schüler dann ihre Ergebnisse vor der Klasse präsentieren und reflektieren, inwiefern sie ihre Ziele erreicht haben und aus welchen Gründen ihnen dies mehr oder weniger gelungen ist. Diese Präsentationen können wieder dazu dienen, Diskussionen im Klassenraum zu führen, um die Erlebnisse im Spiel zu evaluieren und festzuhalten, was die Schüler durch die Beschäftigung mit dem Spiel gelernt haben.[74] Hier spielt, wie schon während des gesamten Projekts, die Lehrkraft als "instructor"[75] eine wichtige Rolle, um den Lerngehalt des Spiels auszuschöpfen und eine kritische Reflexion anzuregen.[76]

Die Aufteilung der Schüler in Gruppen hat zwei wesentliche Vorteile: Zum Einen das effektive kooperative Lernen, bei dem neben Fachkompetenzen auch kommunikative Fähigkeiten und Selbstkonzepte gestärkt werden[77], sowie eine "innere Differenzierung"[78] ermöglicht wird, indem jeder Schüler seine individuellen Stärken und Interessen zum großen Ganzen beiträgt. Ein anderer, wohl erheblicherer Vorteil, ist der finanzielle Aspekt. Jedes Gerät, auf dem gespielt werden soll, braucht eine eigene Version des Spiels, was große Anschaffungskosten für eine solche Projektarbeit bedeutet.[79] Die Aufteilung in Gruppen reduziert bereits Kosten erheblich, da weniger Geräte benötigt werden. Eine weitere Möglichkeit, Kosten zu sparen, wäre der Umstieg auf den Vorgängertitel *Europa Universalis III*.[80] Dieser ist im Grundaufbau annähernd gleich wie der aktuellste Teil, ist aber aufgrund seines Alters wesentlich günstiger[81] und läuft zudem durch die niedrigeren Hardware-Anforderungen auch auf älteren Geräten.

Alles in allem ist es trotzdem unabdingbar, dass sich die Lehrkraft vorher intensiv mit dem Spiel befasst und es selbst zu Spielen lernt, um den Schülern bei Fragen weiterzuhelfen.

---

73 McMichael 2007, S. 209
74 vgl. McMichael 2007, S. 210
75 Squire 2003, S. 6
76 vgl. Brown 2008, S. 124
77 vgl. Adamski, Peter: Gruppen- und Partnerarbeit im Geschichtsunterricht. Historisches Lernen kooperativ, 2. Aufl., Schwalbach/Ts. 2013, S. 11 f.
78 ebenda, S. 12
79 Das Grundspiel kostet 39,99€, um alle Funktionen des Spiels zur Verfügung zu haben müsste man alle Erweiterungen für zusammen rund 105€ dazu kaufen (Stand 27.09.16, Quelle: http://store.steampowered.com/app/236850/?l=german)
80 Paradox Interactive: Europa Universalis III [PC], 2007
81 Das komplette Spiel mit allen Erweiterungen kostet lediglich 14,99€ (Stand 27.09.16, Quelle: http://store.steampowered.com/app/25800/?l=german)

Abhilfe könnte hier eine externe Beratung durch "Experten" schaffen, die (im Idealfall mit finanzieller Unterstützung durch Behörden) solche Projekte an Schulen bringen und die Schüler an das Spiel heranführen.

6 Fazit

Die *Europa Universalis*-Reihe bietet zahlreiche Möglichkeiten für eine gewinnbringende Anwendung im Geschichtsunterricht. Durch das breite Spektrum an Funktionen sind die Spiele für viele verschiedene Themenbereiche einsetzbar. Allerdings ist der Einsatz sowohl mit einem finanziellen, als auch einem zeitlichen Aufwand verbunden, solang die Vorbereitung nicht auf außerschulische Angebote ausgelagert werden kann. Doch mit der nötigen Vorbereitung kann das Spiel als eine Art "Geschichte-Baukasten" zum mächtigen Werkzeug zur Darstellung von historischen Sachverhalten oder zur Rekonstruktion komplexer historischer Zusammenhänge verwendet werden. Den Schülern wird so eine interessante Alternative zum regulären Geschichtsunterricht geliefert oder selbiger durch eine innovative Darstellungsform "modernisiert". Dies führt nicht nur zur Steigerung des Interesses und der intrinsischen Motivation, sondern trägt auch zur Entwicklung von Kompetenzen bei, allen voran der Medienkompetenz. Der Sinn eines Einsatzes von historischen Computerspielen in der Schule ist bis heute stark umstritten. Die Rolle des Lehrers ist wichtig, um den Lerngehalt des Spiels auszuschöpfen, indem Diskussionen und Reflexionen mit der Klasse moderiert werden und auf kontrafaktische Elemente der Darstellung hingewiesen wird. Fraglich ist, inwiefern der Einsatz des Spiels im Schulalltag realisierbar ist, ohne zu sehr von Lehrplänen und Bildungsstandards abzuweichen oder die knapp bemessene Zeit innerhalb eines Schuljahres noch mehr zu kürzen. Leider reicht der Rahmen einer Hausarbeit nicht aus, um das volle Potenzial von *Europa Universalis IV* aus didaktisch-theoretischer Sicht auszuschöpfen oder gar meine Gedanken in einer realen Schulumgebung auf ihre praktische Relevanz zu untersuchen. Ich hoffe von daher, in Form einer größeren wissenschaftlichen Untersuchung, z.B. meiner Examensarbeit, mich noch intensiver mit dem Spiel zu befassen, sowie einige der Ideen während der Schulpraktika umzusetzen. Vielleicht findet sich auch eine Möglichkeit, mit bereits tätigen Lehrkräften ein solches Projekt zu organisieren. Fest steht, dass durch die Beschäftigung mit diesem Thema mein persönliches Interesse erst richtig geweckt wurde und ich hoffe, in diesem Bereich weitere Arbeiten durchführen zu können.

7 Abbildungen

Alle Abbildungen sind selbst angefertigte Screenshots aus dem Spiel *Europa Universalis IV*

Abbildung 1: Die Spieloberfläche von *Europa Universalis IV* aus Sicht des Osmanischen Reiches

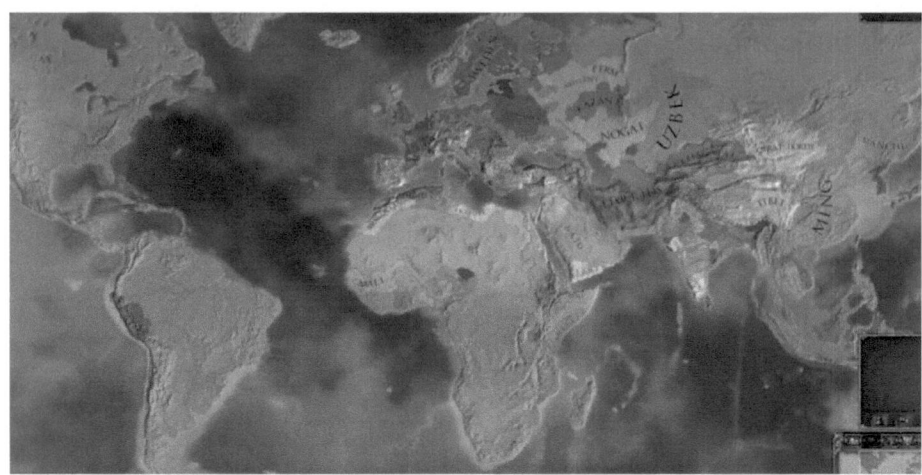

Abbildung 2: Die gesamte politische Weltkarte von *EU4* zum Startdatum 1.1.1444

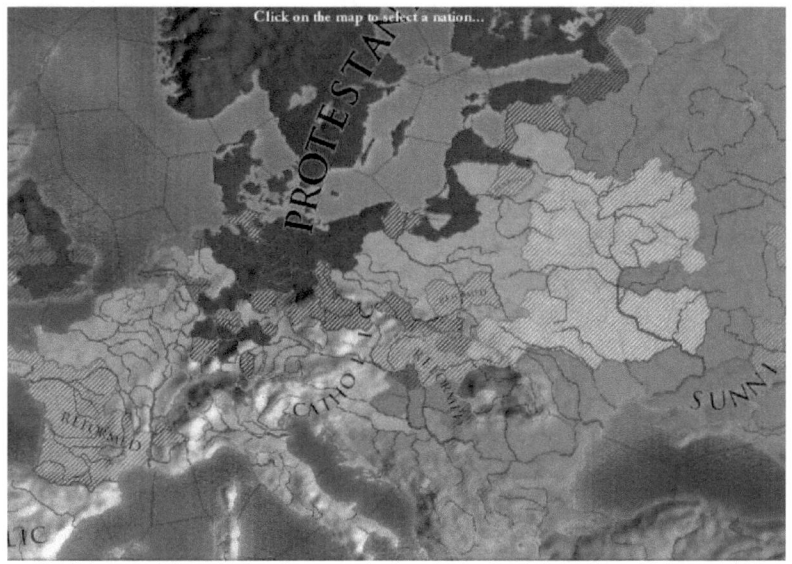

Abbildung 3: Die Religionskarte zu Ausbruch des Dreißigjährigen Krieges 1618

Abbildung 4: Die Diplomatiekarte aus Sicht von Preußen zum Siebenjährigen Krieg 1756

Abbildung 5: Die Dynastienkarte zur Herrschaft Karls V. 1526

8 Medien- und Literaturverzeichnis

8.1 Medien und Internetquellen

- Creative Assembly/Sega: Medieval II: Total War [PC], 2006

- http://www.eu4wiki.com/Austrian_events#The_Defenestration_of_Prague (letzter Zugriff 27.09.16)

- http://www.eu4wiki.com/Downloadable_content (letzter Zugriff 27.09.16)

- http://www.eu4wiki.com/List_of_event_lists (letzter Zugriff 27.09.16)

- http://www.eu4wiki.com/Luck#Historically_lucky_nations (letzter Zugriff 27.09.16)

- http://www.eu4wiki.com/Map#Map_Modes (letzter Zugriff 27.09.16)

- http://www.eu4wiki.com/Ottoman_events#The_Economic_Reforms_of_Mehmed_II (letzter Zugriff 27.09.16)

- https://forum.paradoxplaza.com/forum/index.php?threads/mod-extended-timeline.740866/ (letzter Zugriff 27.09.16)

- Legendarymarvins Strategiekanal: Geschichte des Osmanischen Reiches mit Extended Timeline I (Vorgeschichte bis 1480) [YouTube-Video], veröffentlicht am 18.09.15, online abrufbar unter https://www.youtube.com/watch?v=ars7b82H75k (letzter Zugriff 27.09.16)

- Paradox Interactive: Europa Universalis III [PC], 2007

- Paradox Development Studio/Paradox Interactive: Europa Universalis IV [PC], 2013, Version 1.17.1.0 (vom 09.06.16)

- http://store.steampowered.com/app/236850/?l=german

- http://store.steampowered.com/app/25800/?l=german

- tom.io: "Let's Play: Port Royale 3 - #H1.01 - Händler Kampagne" [YouTube-Video], veröffentlich am 01.05.12, online verfügbar unter https://www.youtube.com/watch?v=1HziNoef4vY (letzter Zugriff 26.09.16)

8.2 Literatur

- Adamski, Peter: Gruppen- und Partnerarbeit im Geschichtsunterricht. Historisches Lernen kooperativ, 2. Aufl., Schwalbach/Ts. 2013

- Brown, Harry John: Videogames and education, Armonk/London, 2008

- Gautschi, Peter: Guter Geschichtsunterricht. Grundlagen, Erkenntnisse, Hinweise, 2. Aufl., Schwalbach/Ts. 2011

- Köhler, Stefan: Minecraft - Extreme Verkaufszahlen: Wird täglich 53.000 Mal gekauft, veröffentlicht am 02.06.2016, online verfügbar unter http://www.gamestar.de/spiele/minecraft/news/minecraft,46603,3273464.html (letzter Zugriff 27.09.2016)

- McCall, Jeremiah: Navigating the Problem Space. The Medium of Simulation Games in the Teaching of Hisotry. In: The History Teacher, Vol. 46, No. 1, 2012, online verfügbar unter http://www.jstor.org/stable/43264070 (letzter Zugriff 27.09.16)

- McMichael, Andrew: PC Games and the Teaching of History. In: The History Teacher, Vol. 40, No. 2, 2007, S. 203-218

- Medienpädagogischer Forschungsverbund Südwest (Hrsg.): JIM 2010 – Jugend, Information, (Multi)Media. Basisstudie zum Medienumgang 12- bis 19-Jähriger in Deutschland, Stuttgart 2010

- Pandel, Hans-Jürgen: Geschichtsdidaktik. Eine Theorie für die Praxis, Schwalbach/Ts. 2013

- Sächsisches Staatsministerium für Kultus und Sport (Hrsg.): Lehrplan für Geschichte an Gymnasien in Sachsen, Dresden/Radebeul 2004/2007/2009/2011

- Sauer, Michael: Geschichte unterrichten. Eine Einführung in die Didaktik und Methodik, 12. Aufl., Seelze 2015

- Sauer, Micheal: Zur "Kartenkompetenz" von Schülern. Ergebnisse einer empirischen Untersuchung. In: Geschichte in Wissenschaft und Unterricht, 61, Heft 4, 2010, S. 234-248

- Schulze, Thomas: Historische Computerspiele im Geschichtsunterricht. Ein Beitrag zur Kompetenzentwicklung?, Berlin/Norderstedt, 2011

- Six, Ulrike/Gimmler, Roland: Die Förderung von Medienkompetenz im Kindergarten. Eine empirische Studie zu Bedingungen und Handlungsformen der Medienerziehung, Düsseldorf 2007

- Squire, Kurt: Video Games in Education. In: International Journal of Intelligent Simulations and Gaming (2), 2003, online verfügbar unter

http://citeseerx.ist.psu.edu/viewdoc/download?doi=10.1.1.479.6903&rep=rep1&type=
pdf (letzter Zugriff 20.09.2016)

- Völkel, Bärbel: Handlungsorientierung im Geschichtsunterricht, 3. Aufl.,
  Schwalbach/Ts., 2012

- Wöttge, Marco: Der Einsatz von Computerspielen im Geschichtsunterricht am
  Beispiel von "Caesar III". In: Geschichte in Wissenschaft und Unterricht, 62, 2011,
  Heft 7/8, S. 469-477

- Zwölfer, Norbert: Filmische Quellen und Darstellungen. In: Günther-Arndt, Hilke
  (Hrsg.): Geschichts-Didaktik, Praxishandbuch für die Sekundarstufe I und II, Berlin
  2003